LO SUMAMENTE CONTEMPORANEO

No sin razón podrá parecerles arbitrario a muchos el epígrafe, bajo el que se hallan reunidos los veintidós poetas y las tres revistas seleccionadas para la exposición, al mezclar y revolver las tendencias de la poesía francesa contemporánea que habíamos pensado poder discernir hasta aquí. Si bien la mayoría de los poetas aquí mencionados se benefician de un reconocimiento asentado en la amplitud de una obra que no dejó de acompañar, escandiéndolo, el presente de los últimos cuarenta años del siglo, se nos podrá, sin la menor duda, también oponer que ése no es el caso de todos. Si "lo sumamente contemporáneo", epígrafe inventado por Michel Chaillou que fue utilizado para titular un número especial de la revista Po&sie (núm. 41, Belin, 2° trim. 1987), constituye una categoría es más bien a falta de otro : una falta precisamente asumida como la marca de lo contemporáneo en su extremidad, y por lo tanto reivindicado como una calidad. Como lo subrayamos en su momento, esta falta evidencia la peculiaridad, alejada a la vez de concesiones y exclusivas, de las voces y las vías de la poesía francesa de hoy : una poesía liberada de la tiranía de las ideologías y de cualquier clase de lengua estereotipada, incluso de las órdenes mediáticas ("¡ Que se les entienda !") así como de las modas, es decir también del modernismo ("¡ La vanguardia a todo trance !") ; una poesía que no duda ya en exponerse, con sus esperanzas y sus nostalgias, sus dudas e incertidumbres, sus cantos y su desencanto, arriesgando una posible muerte con ella la de la palabra a un tiempo, con esta negación del mundo que constituye el mundo presente.

En otros términos, "lo extremadamente contemporáneo" gustaría de ser la expresión positiva, si no serena siempre, del rechazo de las posturas antinómicas desgastadas y de las alternativas simplistas (entre apego al pasado y modernismo, vanguardismo o regresión, modernismo o postmodernismo, poesía o prosa, etc.), así como de las mezclas groseras. Desde el punto de vista de "lo extremadamente contemporáneo", toda la poesía del pasado y toda la poesía por cierto es poesía presente. La poesía de todos los tiempos, de todos los paises sigue teniendo lugar, aquí y ahora, en el juego fértil de las metamorfosis, como otros tantos homenajes y profanaciones, para glosar a Octavio Paz. Particularmente significativo parece el papel esencial desempeñado por la traducción de obras extranjeras y la relación con las obras del pasado en la creación de los poetas franceses de hoy, actividades que ocupan un lugar destacado en las mejores revistas. En resumidas cuentas "lo extremadamente contemporáneo" significa una apertura inventiva hacia el otro, que no es ni tolerancia blanda ni búsqueda del denominador común más pequeño de lo que Mallarmé nombraba "*l'universel reportage*" y que más generalmente se suele llamar la comunicación. Los poemas ofrecidos/brindados lo son como manos abiertas, para retomar la fórmula de Paul Celan, a la espera de quien sepa asirlas.

THE EXTREME CONTEMPORARY

This column where we find the twenty-two poets and the three reviews selected for the exhibition may well appear arbitrary to many, since the different trends of French contemporary poetry we have till now tentatively distinguished are now mixed up and blurred. One will certainly argue that, if most of the poets appearing on the posters get a recognition based on the extent of a work which has been accompanying and punctuating the present of the last four decades of the 20th century, it is not true for all of them. If "the extreme contemporary" — a phrase by Michel Chaillou, which became the title of a special issue of the review Po&sie (n° 41, Belin, 1987) forms a category, it is, let's say, in a defective way: a defective way precisely assumed as the contemporary at its extremes, and thus claimed as a quality. In fact, as we have emphasized it from the outset, what such a defect is putting forward, it is the uncompromising and un-exclusive singularity of the paths and voices of French poetry today: a poetry liberated from ideological tyrannies and from the stereotyped formal languages of all kinds, but also from the media injunctions ("be clear!") and fashions, and so from modernism as well ("be up to date!" or "be an avant-gardiste at all costs!"); a poetry which is not afraid of exposing itself, with its hopes and longings, its doubts an uncertainties, its singing and its disenchantment, to the danger of its possible death — and the death of speech with it —, within the negation of a world which is this world of ours.

In other words, "the extreme contemporary" would be the positive, if not always serene, expression of a refusal opposed to the worn out antinomies and the simplistic alternatives (between passeism and modernism, "avant-gardisme" or regression, modernism or post-modernism, poetry or prose, etc.), as well as to coarse assimilations. From the viewpoint of "the extreme contemporary" all the poetry of the past and of elsewhere is poetry in the present tense. Poetry, at any stage and anywhere, is what is still taking place, here and now, in a fertile game of metamorphosis, looking like celebrations and profanations, to put it like Octavio Paz. The fact that the translation of foreign works and the relationship to the works of the past play a crucial part in French poetic creation today, and are enhanced in all major reviews, is specially significant. What "the extreme contemporary" finally means is an open-minded attitude towards others, which is neither the one of a spineless tolerance, nor that of the lowest common denominator of what Mallarmé called "*l'universel reportage*" and is more generally called "communication". Poems offered here look like hands held out, to quote a famous phrase by Paul Celan, waiting for someone to catch them.

Ce fut naguère
poème ce qui aujourd'hui est cendres
La tombée du jour — et qu'ai-je à dire Marcher

sur un chemin automnal — ce que je prononce
est si désemparé de vérité
Les fleurs pareilles fleurs jetées et les mêmes

posées noyées les mêmes douleurs d'un corps
à jamais brûlé
Deux corps furent incinérés Deux corps de femme

et les mêmes douleurs
Il y a de grands étangs sombres dans mon sommeil
Dans le grand fleuve noir le cœur

avec lenteur est une âme aussi
bouche non oubliée et de toute rosée Ce fut
et de sang de femme ce fut Voici

que je pleure d'or à nouveau sans souci du poème
et des mots Sans souci du miroir
Face à celles seules priées par moi je pleure

d'or et non pas de langue

De langue (extraits) IX
Le Travail d'amour, Flammarion, 1984

Mathieu Bénézet

Si la poésie de Mathieu Bénézet est clairement l'héritière d'une lignée orphique de la poésie où les troubadours et les romantiques, allemands et anglais aussi bien que français, occupent une place prépondérante, ce n'est pas sans faire entendre dans son chant une très contemporaine claudication. De vers en vers, l'enjambement qui tend à prosaïciser le poème allégorise un boitement du corps, fait de la marche une chute *in extremis* rattrapée, et de la chute un nouveau départ et comme une relance du souffle, dans une quête d'amour éperdue. Le lisant, on songe à un enfant qui apprendrait à marcher et qui, le visage défait par l'angoisse, tendrait les bras vers la chaleur de celle, à présent éloignée, qui lui donna le jour. Écrire est en tout cas ce geste, si la question «que reste-t-il à écrire ?» est bien celle que Mathieu Bénézet ne cesse de nous poser en se la posant à lui-même.

Si la poesía de Mathieu Bénézet es la clara heredera de un linaje órfico de la poesía en la que los trovadores y los románticos, alemanes e ingleses así como franceses, ocupan un lugar destacado, deja con todo percibir en su canto una claudicación muy contemporánea. De verso en verso, el encabalgamiento que lleva el poema hacia la prosa, alegoriza al tiempo un cojear del cuerpo, convierte la marcha en caída recuperada *in extremis*, la caída en un volver a empezar y a respirar, en una loca búsqueda de amor. Al leerle, uno piensa en un niño aprendiendo a andar que, con el rostro desencajado por la angustia, levantaría los brazos hacia el calor de la que, ahora lejos, le dio el ser. Escribir es este ademán, si bien la pregunta "¿ qué queda por escribir ?" no deja de ser la que Mathieu Bénézet nos hace sin cesar, al tiempo que se la hace a sí mismo.

If Mathieu Bénézet's poetry obviously belongs to an orphic tradition of poetry in which Troubadours and Romantics, either German, English or French, have a prominent place, one can however hear in its singing a very contemporary limp. From one line to the next the enjambement, which tends to prosify the poem, is an allegory of the limping body, and makes walking a fall avoided at the last minute, and falling a new start, a new stimulation of breath, in a frantic quest for love. Reading him, one is thinking of a child learning to walk and, with his face distorted by distress, reaching out for the one, now in the distance, who has given him birth. Writing is in any case this gesture, if the question "what is still to be written?" is actually the one Mathieu Bénézet is asking us when asking it to himself.

À la voix de Kathleen Ferrier

Toute douceur toute ironie se rassemblaient
Pour un adieu de cristal et de brume,
Les coups profonds du fer faisaient presque silence,
La lumière du glaive s'était voilée.

Je célèbre la voix mêlée de couleur grise
Qui hésite aux lointains du chant qui s'est perdu
Comme si au delà de toute forme pure
Tremblât un autre chant et le seul absolu.

Ô lumière et néant de la lumière, ô larmes
Souriantes plus haut que l'angoisse ou l'espoir,
Ô cygne, lieu réel dans l'irréelle eau sombre,
Ô source, quand ce fut profondément le soir !

Il semble que tu connaisses les deux rives,
L'extrême joie et l'extrême douleur.
Là-bas, parmi ces roseaux gris dans la lumière,
Il semble que tu puises de l'éternel.

Poèmes, Mercure de France, 1978

Yves Bonnefoy

Une éthique de l'imperfection : on pourrait ainsi (grossièrement) qualifier l'art poétique d'Yves Bonnefoy. Éthique parce qu'il est sans doute celui des poètes contemporains qui affirme le plus souvent, dans son texte même, l'exigence d'une morale de l'écriture et de la voix. Imperfection parce qu'il a fait de cette catégorie la «cime» de sa création : l'imperfection n'est pas le résidu du poème une fois qu'il est achevé, elle est le but même, la valeur que se fixe l'écriture. «*Aimer la perfection parce qu'elle est le seuil, / Mais la nier sitôt connue, l'oublier morte, / L'imperfection est la cime.*» La boiterie assumée du vers, le refus des euphonies éclatantes de la rime témoignent alors d'une exigence qui en appelle simultanément à la présence acceptée de la mort et à la reconnaissance de la finitude de l'art. Alternance du pair et de l'impair, voix grise, sens en limite d'énigme : cela ne signifie pourtant pas que cette œuvre a renoncé aux ambitions de la poésie, à la conquête d'un vrai lieu où se réconcilieraient l'amour du réel et le rêve du modèle qui peut s'y inscrire : «*Tu as pris une lampe et tu ouvres la porte, / Que faire d'une lampe, il pleut, le jour se lève.*»

Una ética de la imperfección : así (toscamente) se podría calificar el arte poético de Yves Bonnefoy. Ética por ser, entre los poetas contemporáneos, el que más a menudo afirma en el texto mismo la exigencia de una moral de la escritura y de la voz. Imperfección por convertir esta categoría en cúspide de su creación : la imperfección no es el residuo del poema una vez éste acabado, sino que constituye la meta misma, el valor, que la escritura se asigna. *"Aimer la perfection parce qu'elle est le seuil, / Mais la nier sitôt connue, l'oublier morte, / L'imperfection est la cime."* La cojera asumida del verso, el rechazo de las eufonías deslumbrantes de la rima atestiguan entonces una exigencia que reclama de la presencia aceptada de la muerte y del reconocimiento del carácter limitado del arte. Alternancia de lo par y lo impar, voz gris, sentido rozando con el enigma : lo que no significa que esta obra haya renunciado a las ambiciones de la poesía, a la conquista de un lugar verdadero en el que harían las paces el amor de la realidad y el sueño del modelo que se podría inscribir ahí : *"Tu as pris une lampe et tu ouvres la porte, / Que faire d'une lampe, il pleut, le jour se lève."*

An ethic of imperfection: this is how we could characterize (roughly speaking) Yves Bonnefoy's ars poetica. An ethic, because, among contemporary poets, he is certainly the one who, more often than others, puts forward in his very text the requirement of an ethic of writing and voice. Imperfection, because he has made this category "the peak" of his creation: imperfection is not the residue of the poem, once achieved, it is the very aim, the value, which writing is assigning to itself. *"Aimer la perfection parce qu'elle est le seuil, / Mais la nier sitôt connue, l'oublier morte, / L'imperfection est la cime."* The assumed lameness of the verse, the refusal of the resounding euphonies of rimes then reveal a demand that calls simultaneously for an acknowledged presence of death and a recognition of the finitude of art. Alternatively odd and even verses, a grey voice, a meaning close to enigma: yet, that does not signify that his work has given up the ambitions of poetry trying to conquer a genuine place, where the love of the real and the dream of a suitable model would be reconciled: *"Tu as pris une lampe et tu ouvres la porte, / Que faire d'une lampe, il pleut, le jour se lève."*

Je ne cesse de te perdre depuis cette chambre d'hôtel
Où nue et détournée tu m'as crié va-t'en
Je ne me rappelle plus notre querelle, ma faute
Mais le papier, ton dos courbe,
La nature morte du jour et de l'armoire,
Et ma croyance indolore debout que j'allais te revoir

Gisants, Gallimard, 1985

Michel Deguy

«*La poésie comme l'amour risque tout sur des signes*» : cette citation du dernier vers d'un poème extrait de *Ouï-dire* (Gallimard, 1966) pourrait servir d'*incipit* à l'œuvre de Michel Deguy, l'une des plus considérables de la poésie française des quatre dernières décennies du siècle qui s'achève. Elle mériterait cependant un long commentaire. Le «tout» dont il y est question indique que la poésie se met à chaque instant en jeu dans la confrontation à tout ce qui n'est pas elle et qui l'intéresse, elle qui ne saurait se désintéresser de rien. Quant au «comme» et quant à «l'amour», il ne faut surtout pas s'y méprendre : déprise de l'illusion lyrique comme des utopies totalitaires que ne cesse d'engendrer un monde inhabitable, la poésie de Michel Deguy a un sens fondamentalement éthique, si l'on entend la racine grecque de ce mot qui désigne comme question celle de notre séjour en ce monde. Aucun amalgame donc dans ce «comme» : comparer n'est pas identifier, ni non plus révéler des connivences ou des affinités qui seraient déjà là, enfouies dans le réel. Le réel d'un monde habitable n'est pas une donnée sur laquelle le poème puisse faire fond. Il est un horizon du dire poétique. Le poète chiffonnier relève les débris pour produire des configurations inédites. Comparer, c'est produire – polémiquement aussi – de la différence, de la singularité, comme dans l'accouplement amoureux deux êtres singuliers en engendrent un autre, aussi singulier qu'eux. «La poésie n'est pas seule», dit Michel Deguy, poète généreux entre tous.

"La poésie comme l'amour risque tout sur des signes" : esta cita del último verso de un poema sacado de *Ouï dire* (Gallimard, 1966) podría utilizarse como *incipit* a la obra de Michel Deguy, una de las más considerables de la poesía francesa de las cuatro últimas décadas de este siglo que se acaba. Sin embargo merecería un largo comentario. El "todo" del que trata indica que la poesía se pone a cada instante en tela de juicio al confrontarse a lo que no es ella y que le interesa a ella que no sabe desinteresarse por nada. En cuanto al "como" y al "amor", conviene no equivocarse : apartada tanto del engaño lírico como de las utopías totalitarias que no cesa de engendrar un mundo inhabitable, la poesía de Michel Deguy tiene un sentido fundamentalmente ético, si se percibe la raíz griega del término que apunta la cuestión de nuestra estancia en este mundo. En este "como" pues ninguna amalgama : comparar no es identificar, ni tampoco revelar connivencias o afinidades que estarían ya ahí, ocultadas en la realidad. La realidad de un mundo habitable no constituye un dato en el que pueda anclarse el poema. Constituye un horizonte del decir poético. El poeta trapero levanta los trozos para producir configuraciones inéditas. Comparar es producir diferencia — polémicamente también —, singularidad, como en el acoplamiento amoroso, dos seres singulares producen a otro, tan singular como ellos. *"La poésie n'est pas seule"* dice Michel Deguy, poeta generoso entre todos.

"La poésie comme l'amour risque tout sur des signes": this quotation of the last line of a poem from *Ouï-dire* (Gallimard, 1966) could be the start of an introduction to Michel Deguy's work, among the most imposing poets of the last four decades of the XXth century. It would however deserve a long commentary. The "everything" referred to points out the fact that poetry ventures up in a confrontation with what it is not itself and is nevertheless interesting, being concerned with everything. As for the "like" and for the "love", one should not be mistaking: freed from the lyrical delusion as well as from the totalitarian utopias constantly aroused by an unhabitable world, Michel Deguy's poetry has a fundamentally ethical meaning, if one refers to the greek root of the word, which singles the question of our staying in this world. No mixing up then in this "like": to compare neither means to identify, nor to reveal connivances or affinities which would already be there, buried in the real. The real of an habitable world is not a given fact which the poem could rely and rest upon. It is an horizon of poetic diction. The ragman-poet picks up the scraps in order to produce new configurations. To compare is to produce — by the way of controversy too — something different, something singular, as the union of two entirely singular beings may beget a third one just as singular as they are. *"La poésie n'est pas seule"*, Michel Deguy says, a generous poet among all.

Voici la plus belle heure, les arbres
Sont roses dans le jour qui se lève.
Les parfums n'ont encore épuisé leurs timides
Secrets, dans le lacis des herbes, parmi les fleurs.
Alors le soleil blanc et rond quitte son écurie,
Perdue dans la douceur du ciel au-dessus de la crête
Des arbres centenaires ; le lourd charroi qu'il tire
De la chaleur d'été d'où tombe le foin rouge,
S'engage sur l'ornière de la Loire jusqu'au soir des collines,
Que des merles, des hirondelles, veillent de leurs cris.

Eucharis, Gallimard, 1989

Philippe Delaveau

La poésie de Philippe Delaveau se donne volontiers pour image celle d'une «*eau qui gicle au rire des fontaines*». Ses poèmes portent toujours la marque d'un contact avec la merveille d'un monde à l'état natif, un monde où même le froid est positif, puisqu'il «*précise et construit*». Poésie de croyant, de catholique toujours prêt à rappeler que pour lui «*Dieu libère*», cette poésie n'apparaît cependant jamais comme une facilité de sacristie : la célébration ne saurait s'installer qu'une fois accompli le dur travail de discrimination par les mots et les rythmes, travail de la main qui «*trace et rature*». C'est alors que peut s'ouvrir pour tous, athées ou croyants, le sentiment d'une présence absolue du monde, de «*la Grande Ourse en feu*» jusqu'à «*l'assiette du fromage au lit de vigne*».

La poesía de Philippe Delveau gusta de dar como imagen de sí la de una *"eau qui gicle au rire des fontaines"*. Sus poemas siempre llevan la marca de un contacto con la maravilla de un mundo nativo, un mundo en el que hasta el frío es positivo ya que *"il précise et construit"*. Poesía de creyente, de católico siempre dispuesto a recordar que para él *"Dieu libère"*, esta poesía sin embargo nunca aparece como una facilidad de sacristía : la celebración sólo se podrá emplazar tras cumplir con el duro trabajo de discriminación mediante las palabras y los ritmos, trabajo de la mano que *"trace et rature"*. Entonces es cuando se puede abrir para todos, ateos o creyentes, el sentimiento de una presencia absoluta del mundo, desde *"la Grande Ourse en feu"* hasta *"l'assiette du fromage au lit de vigne"*.

Philippe Delaveau's poetry willingly presents itself as *"eau qui gicle au rire des fontaines"*. His poems always bear the stamp of a contact with the wonder of a world in its prime, a world where even the cold is positive, since it *"il précise et construit"*. A believer's poetry, a catholic's always ready to remind that, for him, *"Dieu libère"*, it never appears as an easy religiosity: celebration could not come before the accomplishment of the hard task of discrimination by words and rhythms, a handwork which *"trace et rature"*. Only then everyone, either an atheist or a believer, awakes to an absolute presence of the world, from *"la Grande Ourse en feu"* to *"l'assiette du fromage au lit de vigne"*.

comme je poursuis — jusqu'à être, sans me confondre avec lui, le plus près de celui qui parle, je me rapproche de la réalité de mon point de départ.

rouge.

la vérité de dénuement ne se soutient pas.

la lettre de ce que j'ai sous les yeux, je n'y suis pas attaché, elle est en moi.
         le vide — futur et déréliction confondus, moteur du mot.

      sur sa lancée, comme alors sans tarder à un vide initial il a pu faire retour, le mot confondant rejoint qui, un instant, lui aura prêté ses yeux.

dans l'indifférentiation, lui-même ce lecteur, aussitôt qu'il a distingué.
           il n'y a rien à voir.
lecteur, il a disparu.
        et ce vide — comme, présent au présent, tant que reste ce qui ne peut pas disparaître, réalisé alors sans attente et sans attache.

       soi-même, le présent qui éclaire encore faut-il — pour s'en voir délogé, à la lettre l'avoir occupé.

            en retour, de la vacuité peut-être se formera — jusqu'à soi plus loin toujours, et sans coup férir, quelque chose de toujours incisif.

dans l'intervalle, j'ai été.   de l'intervalle,
     comme à un défaut de la limite, je suis.

Matière de l'interlocuteur, Fata Morgana, 1992

André Du Bouchet

Chaque fois que l'on cherche ce que peut être le ton fondamental d'une relation avec les mots, les heures et les choses, c'est vers Du Bouchet qu'il faut revenir, vers cet *«atelier aveuglant»* où depuis quarante ans *«les étoiles et le froid se tiennent par des crochets de fer»*. Jamais ce *«pharynx transparent»* ne s'est accordé la facilité de dire autre chose que *le premier heurt*. Ce qui fait depuis près de cinquante ans la force de l'œuvre de du Bouchet, ce sont ses partis pris. Aucune poésie ne tourne à ce point le dos à la communication ordinaire tout en faisant d'une réflexion sur le langage le centre de son propos. Aucune ne casse à ce point, dans une *«lumière aigre de première lampe»*, les allures courantes de la parole, tout en multipliant les exigences du souffle et de la voix. Aucune ne fonde des relations si élémentaires avec l'espace, le temps, la matière, tout en accordant, sur ses *«tréteaux glacés»*, autant de soin à sa mise en scène. L'une des postures préférées du poète semble être celle d'un *«forgeron à froid»*, d'un artisan intraitable *«lié par la grosse corde des jours de campagne»* et dont la tâche essentielle serait de peser sans fin et *«de tout son poids sur le mot le plus faible pour qu'il éclate, et livre son ciel.»*

Cuando se indaga cuál puede ser el tono fundamental de una relación con las palabras, las horas y las cosas, es preciso volver hacia du Bouchet, hacia ese "*atelier aveuglant*" en el que desde cuarenta años "*les étoiles et le froid se tiennent par des crochets de fer*". Esta "transparente faringe" no se permitió nunca la facilidad de decir otra cosa que no sea "el primer choque". Sus preferencias son las que dan fuerza a la obra de du Bouchet desde hace casi cincuenta años. Ninguna poesía le da hasta tal punto la espalda a la comunicación ordinaria centrando a la vez su propósito en una reflexión sobre el lenguaje. Ninguna quiebra hasta tal punto, en una "*lumière aigre de première lampe*", los giros corrientes de la palabra, a la vez que multiplica las exigencias del respiro y de la voz. Ninguna funda relaciones tan elementales con el espacio, el tiempo, la materia, dedicándole tanto esmero a su escenificación sobre sus "*tréteaux glacés*". Una de las posturas predilectas del poeta parece ser la de un "*forgeron a froid*", de un artesano intratable "*lié par la grosse corde des jours de campagne*" y cuya tarea esencial consistiría en pesar sin fin y "*de tout son poids sur le mot le plus faible pour qu'il éclate, et livre son ciel*".

Everytime we try to define what could be the fundamental tone of a relationship with words, hours and things, we have to return to du Bouchet, coming back to that "*atelier aveuglant*" where, for forty years, "*les étoiles et le froid se tiennent par des crochets de fer*". This "transparent pharynx" has never indulged in saying anything else that "the first clash". The reason why Du Bouchet's works have appeared so strong for fifty years, is that he always made uncompromising choices. No poetry goes as far as this one in turning its back on ordinary communication while focusing on a reflection about language. No one goes that far in breaking, in a "*lumière aigre de première lampe*", the running speeds of the common speech, while multiplying the demands of breath and voice. No one is grounding such elementary links with space, time and matter, while devoting such a care to its production on the "*tréteaux glacés*" of the stage. One of the favourite postures of the poet seems to be the one of a "*forgeron a froid*", of an uncompromising craftsman "*lié par la grosse corde des jours de campagne*" and whose crucial task would be to endlessly press down "*de tout son poids sur le mot le plus faible pour qu'il éclate, et livre son ciel*".

À l'extérieur, le soleil plaque sa chaleur.

La tragédie commence
et recommence
Ils ne dormiront plus
trop occupés de la souffrance.

Et chaque fois entre eux
cette épaisseur

la peau
loin de la peau
Ils ne se touchent pas
touchent pas
touchent
pas

ni ne s'entendent
ni ne se tendent
vraiment les bras

Ils ne font que
parler aux murs
de dos à nous.

Le désir entre eux est complet
Bouche mange l'été
comme en mémoire
la fin de se nourrir

Dans sa robe de nuit
la reine rampe
car l'amour plie
en deux
Elle veut continuer quand même
comme un insecte
(ne riez pas)
comme une femme saoule

La Face et le Lointain, Ipomée, 1986

Marie Étienne

La poésie de Marie Étienne est dans la simplicité et l'économie de ses mots, dont on dirait qu'ils sont comme un à un échappés, plutôt que chus, d'un désastre obscur, hantés par la tragédie de la séparation, en particulier la différence des sexes, véritable *fatum*. L'actrice qui joue Bérénice sur les planches du théâtre est toujours une bérénice dans le théâtre de la vie, reine sans doute, mais pliée en deux par l'amour et qui rampe.

La poesía de Marie Étienne está en la sencillez y la economía de sus palabras que parecen escapadas, antes que caídas, una a una de un desastre oscuro, obsesionadas por la tragedia de la separación, precisamente de la diferencia entre los sexos, verdadero *fatum*. La actriz que hace de Berenice en el escenario sigue siendo una berenice en el teatro de la vida, reina sin la menor duda, pero partida en dos por el amor se arrastra.

Marie Étienne's poetry exists, in the simplicity and the restricted arrangement of its words, which seem to have escaped, rather than fallen, from an obscure disaster one after the other, haunted by the tragedy of parting, and especially that true fate of sexual difference. The actress playing Bérénice's part on the stage is always a bérénice on the stage of life, a queen indeed, but bent with the weight of love and forced to crawl.

ROSE-DÉCLIC - 62 -

Elles savent quand la dose est fatale (ou si peu de rumeur les informe) cheek to cheek dans la roseraie elles dansent un slow mortel

Sous une pierre ce qui fait qu'une rose est une rose n'est pas écrasé et elle demeure sidérale comme ses sœurs

Et ce qui fait qu'une pierre est une pierre n'est pas écrasant

La matière de l'être est ainsi enthousiasmante d'air d'énergie matière de pétale condition de pétale

Visages-les-roses

Enduites and l'Il call you back

Peuvent-ils être plus visages qu'appliqués de démaquillant et le réel

Est-il plus apparent plus chargé jamais

Elles se font faire aussi les mains sono ilaria puis-je passer te fouetter à 5 heures ô please do not leave a message les répondeurs sont saturés

Revenez

Les roses

De n'avoir pas la peau sèche

Et la trivialité enregistrée de vos amants qui fait partie de l'immense poème

C'est la même que la mienne de grande machine à extase ne l'écoutez qu'en mon absence

Allô

Puis-je vous absorber comme je l'entends s'il devait s'avérer que je fusse au monde

Vous qui en êtes le tangible brûlé

Pas moins belles que les grues sur les chantiers tout aussi claires et dotées d'une tension très comparablement portante

Ô roses frein à main jusqu'au dernier cran

Je vous en prie n'ôtez pas vos casques allongé contre vous n'ôtez pas vos casques je vous aime plus ardemment plus proprement plus intimement plus renouvelablement pendant que m'écrit le long poème sous l'œil de quelques bienveillants sques ne les ôtez pas et laissez

Rose-Déclic, P.O.L., 1984

Dominique Fourcade

«*La langue est un corps réfringent j'ai travaillé par réfractions et sans l'avoir voulu j'ai rompu avec la représentation ou plutôt j'ai déplacé le foyer de la représentation de l'extérieur du mot à l'intérieur du mot.* » Ce post-scriptum inséré dans l'édition de Xbo (P.O.L., 1988) résume assez bien le corps-à-corps avec la langue qui fait la singularité de la poésie de Dominique Fourcade. À mesure que croît le corps du poème, à mesure que le poème prend consistance et réalité, c'est le cœur et c'est le réel en lui et en dehors de lui qui viennent à manquer : comme si les mots absorbaient comme autant de trous noirs en eux toute la matière, au point de se réduire eux-mêmes à des consonnes sans son ; ou comme si, devenus eux-mêmes seule matière, pures sonorités, ils se trouvaient privés de tout référent : «*Les termes de cette angoisse peuvent s'inverser à une vitesse effroyable – tout un corps manque..., dans l'étau le plus simple, entre l'horreur du non-poème et la terreur du poème.*»

"*La langue est un corps réfringent j'ai travaillé par réfractions et sans l'avoir voulu j'ai rompu avec la representación o plutôt j'ai déplacé le foyer de la représentation de l'extérieur du mot à l'intérieur du mot.*" Esta post-data inserta en la edición de Xbo (P.O.L. 1988) resume bastante bien el cuerpo a cuerpo con el idioma que constituye la singularidad de Dominique Fourcade. A medida que crece el cuerpo del poema, a medida que el poema cobra consistencia y realidad, vienen a faltarle el corazón y lo real, en él y fuera de él : como si, tal agujeros negros, las palabras absorbiesen toda la materia, hasta el punto de reducirse a ser consonantes sin sonido ; o como si, convertidos ellas mismas en única materia, puras sonoridades, se encontrasen privadas de cualquier referente : "*Les termes de cette angoisse peuvent s'inverser à une vitesse effroyable – tout un corps manque..., dans l'étau le plus simple, entre l'horreur du non-poème et la terreur du poème.*"

"*La langue est un corps réfringent j'ai travaillé par réfractions et sans l'avoir voulu j'ai rompu avec la représentation ou plutôt j'ai déplacé le foyer de la représentation de l'extérieur du mot à l'intérieur du mot.*" This postscript inserted — unattached — in Xbo (P.O.L, 1988) characterizes pretty well the hand-to-hand fight with the language which singles out Dominique Fourcade's poetry. As the body of the poem is growing, as it thickens and becomes real, the heart and the real, inside and outside of it, are getting scarce: as if words, those numerous black holes, were swallowing the whole matter, and were reduced to mere consonants, without any sound; or as if they were the only material left, sheer sonorities, thus deprived of any referent: "*Les termes de cette angoisse peuvent s'inverser à une vitesse effroyable – tout un corps manque..., dans l'étau le plus simple, entre l'horreur du non-poème et la terreur du poème.*"

Aux jours sombres que la pluie creuse
comme la coque des paquebots livrés à la ferraille
et qui attendent à quai leur changement d'adresse
la cuisine incline à la lecture des lames de fond
que le voyageur pressé ignore
comme le sens de sa vie et sa chute bientôt dans le néant.
Pour affronter, l'âme verticale,
le mal de mer dans un pays qui n'a pas d'horizon
je rassemble sur la toile cirée la maigre cargaison
de livres échappés à l'écume des semaines : amis
toujours les mêmes et toujours inouïs
brûlants de cette vie qui fut manque tenace
et qui me tient debout, est-ce bien vous ?
Georges Perros qui fumez sur la falaise
le tabac bleu de vos poèmes et vous Charles-Albert
réunissant d'un geste sous l'éternel béret
les trois collines musiciennes et la flèche
de la cathédrale d'Aigues-Belles qui n'existe pas
dit-on — mais la barque des métamorphoses
où mes yeux guettent le miracle d'une éclaircie
existe-t-elle davantage ? et moi-même derrière mon hublot
qui crois entendre le carillon et vos voix distinctement
comme si elles encorbeillaient sous mon front
le verger vif et le pourrissoir des plaies ?
Vous ? moi ? quelle importance après tout :
l'automne au bout du chemin a déjà tourné la page
et le jour s'apprête à décrocher ses lampes.
Quand la nuit viendra, sa main lourde livrant
au plâtre nu nos ombres refroidies,
il ne restera rien de ce voyage ensemble
sinon, peut-être, l'âcre odeur des pavots
jetés entre nos livres, en passant.

Éloge pour une cuisine de province, Champ Vallon, 1988

Guy Goffette

Il chante. Mais sans aucune des facilités de la chanson. Sans aucune musique a priori. Il invente à chaque fois l'air qui fait surgir les mots dans une évidence et une nécessité jusque-là jamais rencontrées. Le poème de Goffette est rocailleux à souhait, cassant la trop belle euphonie dès qu'elle pointe ses soupirs, mais se relançant en grand rythme dès que se profile le danger de n'être plus que pierre écrite. Guy Goffette ne cherche pas dans la métrique ou la rime l'occasion de se rassurer, mais le moyen de repartir à tout va vers les inventions qu'elles imposent. C'est ce qui fait qu'au contraire de bien des textes «d'avant-garde» qui paraissent très vite d'une grande prudence (car ils ne sont que le pur résultat des intentions premières du «scripteur») les poèmes de Goffette donnent à chaque fois le sentiment d'une aventure, aventure secouée d'un voyageur parmi les hommes, aventure syncopée d'une œuvre au sein d'une langue par laquelle elle accepte de se laisser dessaisir de ses projets initiaux pour courir le risque de l'inconscient, de la mémoire et de la trouvaille.

Canta. Pero sin las facilidades de la canción. Sin ninguna música a-priori. Cada vez inventa la música que hace surgir las palabras en una evidencia y una necesidad nunca encontradas hasta entonces. El poema de Guy Goffette es pedregoso a pedir de boca, quebrando la demasiado bella eufonía, en cuanto despuntan sus suspiros, pero volviéndose a lanzar en gran ritmo en cuanto se perfila el peligro de volverse losa escrita. Guy Goffette no busca en la métrica o en la rima la ocasión de tranquilizarse, antes más bien la posibilidad de volver a lanzarse hacia los hallazgos que ellas imponen. Así y en contra de cantidad de textos "vanguardistas" que bien rápido parecen atenerse a la mayor prudencia (pues sólo son el puro resultado de las intenciones primeras del "escribiente") los poemas de Goffette dan, una y otra vez, la sensación de una aventura, aventura ajetreada de un viajero entre los hombres, aventura sincopada de una obra en el seno de un idioma. La obra acepta que éste venga a desposeerla de sus proyectos iniciales a cambio de poder así ella correr el riesgo del inconsciente, de la memoria y el hallazgo.

He is singing. But it is without any of the facilities of songs. Without any a priori music. He is inventing each time the tune which wakes the words up with an evidence and a necessity never met before. Goffette's poem is as harsh as it could possibly be, breaking the too lovely euphony as soon as it tries to push forward its sighs, but relaunching itself in a great rhythm as soon as it is threatened of becoming nothing but a written stone. Guy Goffette does not seek in metrics or rimes an opportunity to reassure himself, but the means of being off again, towards the inventions they impose. This is the reason why, unlike many texts of a so-called "avant-garde" which quickly look very cautious (since they are only the outcome of "scriptor's" first intentions), Guy Goffette's poems give us the feeling of an adventure, the shaken adventure of a traveller among human beings, the syncopated adventure of a work within a language, to which it willingly gives its initial projects, taking the risk of the unconscious, of memory and brainwave.

Derrière les murs, la végétation

tire alors le vent gris émeraude
tare le geste à l'envers du miroir
sa géode meurtrit la lèvre riens
degrés le taire vient la morsure
l'arrêt de mort il neige se sauver
se lire regrets de l'amour native
reste d'ailleurs amorti en vergé
sa margelle étreintes du revoir
suer matelots le dernier rivage
être l'image dans le rétroviseur
taire la mer nervurée les doigts
l'arrêt de vie les mûrit on s'égare
l'insolite durée germe à travers
le regard et l'iris s'ouvre entamé —

l'été surgi de la vitre a serré mon
rêve l'étrangeté lasse du miroir
et si le rosier l'a vêtu, grand-mère,
sa trame l'univers roide et léger
mélange les rivières ta rue dort.

Dès la migration reste le rêveur.

---

une sensation de purulence

un cœur pense la nuit dense
un silence pesant une odeur
un pas secret d'ennui le noue
l'audience — personne — tu es nu
un sensuel courant de peine
seule candeur on se punit en
dessin connu — l'être— une peau
s'annule dure coupe intense
en lecture d'une passion nue
antenne décousue plus rien
pensée où s'unit l'endurance
eau nocturne de péninsules
l'inonde — tu es ce peu — suranné
l'ancien supure on est dénué —
de sens inconnu — et pleure au
décès nu la nuit sonnée pure
ou durée pensant un silence
un seul courant de peine nés
annulés en douce puis n'être
— pénétré d'eau l'inconnu s'use
et l'inconnue pure danseuse
prunes l'antienne décousue
un corps annulé dénié se tue

Mémento-Fragments, P.O.L., 1987

Michelle Grangaud

Par la pratique virtuose de l'anagramme (mots obtenus par la transposition des lettres d'un autre mot) ou du lipogramme (lorsqu'il y a escamotage d'une ou plusieurs lettres dans la transposition), Michelle Grangaud est l'une des rares poètes à jouer de la contrainte à la manière des membres de l'Oulipo (Ouvroir de littérature potentielle fondé par Raymond Queneau), dont elle fait partie. Ce jeu, nonobstant sa drôlerie parfois – comme dans les anagrammes à partir des noms des stations du métro parisien (cf. *Stations*, P.O.L., 1990) – a valeur d'ascèse. Et si le *je* et le monde s'y effacent, ils s'y retrouvent, dépouillés, au bout de la ligne.

Practicando con virtuosidad el anagrama (palabras que resultan de la transposición de las letras de otra palabra) o del lipograma (caso de escamoteo de una o varias letras en una transposición), Michelle Grangaud es una de las pocas poetas que juegan con reglas a la manera de los miembros del Oulipo (*"Ouvroir de littérature potentielle"* fundado por Raymond Queneau). Este juego, no obstante su gracia a veces —como en los anagramas a partir de los nombres de las estaciones del metro parisino (véase *Stations*, P.O.L., 1990)— cobra valor de ascesis. Y si el yo y el mundo desaparecen en él, se vuelven a encontrar, desnudos, al final de la línea.

By the virtuoso practice of anagrams (words obtained by the transposition of the letters of an other word) or lipograms (when some letters are omitted in such a transposition) Michelle Grangaud is one the few women-poets playing with constraints in the same way as the members of the Oulipo (*"Ouvroir de littérature potentielle"* founded by Raymond Queneau). This game, notwithstanding its sometimes very funny achievements — such as the anagrams draught from the names of the Paris metro stations (see *Stations*, P.O.L., 1990) — is in fact a form of asceticism. And if the self and the world fade here, there they come again, bare, at the end of the line.

Regarde le peu de buée que fit mon cri quand le soir a suivi de si près l'aube sans que les sources aient eu le temps de boire aux clartés qui passaient.

Maintenant je suis mort ou peu s'en faut mais nulle rambleur ne me vient de la fosse où j'espérais voir flamboyer les runes que tu récites.

Où que descendent les sentes et la rivière à face d'acier, tu restes sur le mont dont la foudre a dénudé l'os.

Je sais que ta lumière ne cesse pas mais, quand mes yeux cesseront, n'aurai-je gardé qu'une soif affreuse ?

M'éveillais-tu pour qu'en me rendormant je me souvienne de toi et que la nuit, à te rêver, soit autre ?

Mais toi, de quoi te souviendrais-tu à moins que tu n'habites l'infime rumeur qui succède sous terre à ta voix ?

Donne-moi encore une peupleraie dont l'or tinte aux haleines d'automne sous le ciel tendre où le merisier baigne d'ondes impalpables sa maigre chair rosie.

Puisse resplendir au sépulcre mon âme encore de ta beauté que j'ai vue face à face.

Quand le dernier tambour battra la diane, tu verras dans mes yeux néophytes se défaire les rides qui t'auront raturé la joue.

Jean Grosjean

La poésie de Jean Grosjean est sans cesse à l'affût de la beauté d'un monde qui sait tourner «*ses longs yeux vers les hommes*», à l'affût de ces moments où, en retour, le plus simple regard devient capable de repérer «*la transfiguration des tessons dans les caniveaux*». Cette œuvre est une école du regard, où l'on apprend à ne plus détacher ses yeux d'un site ou d'un visage «*sans craindre de les avoir regardés pour la dernière fois*». Le temps semble alors tiraillé entre la cascade d'instants et l'anxiété de perdre le moindre des moments où les arbres échangent leurs oiseaux. Le désir de nommer jusqu'au plus jeune des liserons est aux prises avec la tentation contraire de se fondre silencieusement dans «*l'heureuse démobilisation de l'univers*», dans une tranquillité sans actes ni paroles qui laisserait à d'infimes événements la charge de «*dissoudre les millénaires*». Le lecteur y accomplit un parcours entre la soif et la contemplation, avec pour viatique l'idée fragile que cette poésie serait la forme même d'une «*attente solennelle*».

La poesía de Jean Grosjean está sin cesar al acecho de la belleza de un mundo que sabe volver "*ses longs yeux vers les hommes*", al acecho de aquellos momentos en los que la mirada más sencilla, al corresponderle, se vuelve capaz de localizar "*la transfiguration des tessons dans les caniveaux*". Esta obra es una escuela de la mirada, en la que se aprende a no desprender los ojos de un sitio o de un rostro "*sans craindre de les avoir regardés pour la dernière fois*". El tiempo parece entonces descuartizado entre la cascada de instantes y la angustia de perder el menor momento en que los árboles intercambian sus pájaros. El deseo de nombrar hasta la más tierna enredadera se enfrenta con la tentación opuesta de incorporarse silenciosamente en "*l'heureuse démobilisation de l'univers*", en una tranquilidad sin actos ni palabras, que encargaría a ínfimos acontecimientos de "*dissoudre les millénaires*". El lector realiza un recorrido entre la sed y la contemplación, con a guisa de viático la idea frágil que esta poesía sería la forma misma de una "*attente solennelle*".

Jean Grosjean's poetry is constantly on the look-out for the beauty of a world which knows how to turn "*ses longs yeux vers les hommes*", always looking forward to those moments when, in return, the plainest glance becomes able to spot "*la transfiguration des tessons dans les caniveaux*". It is like learning how to stare at a place or a face, "*sans craindre de les avoir regardés pour la dernière fois*". Time seems then to be torn between the stream of instants and the anxiety of losing the slightest moment when trees are exchanging birds. The wish to name even the newest convolvulus is battling against the temptation of disappearing silently into the "*l'heureuse démobilisation de l'univers*", in a peace without action or speech, which would leave to tiny events the task of "*dissoudre les millénaires*". The reader is going on a journey there, between thirst and contemplation, accompanied by the fragile idea that such a poetry would be the very form of a "*attente solennelle*".

En creusant les fondations d'un immeuble, au début des années cinquante, les terrassiers avaient découvert une statue de femme datant du principat d'Auguste. Sur les yeux de pierre, des feuilles mortes étaient collées par la terre.

Elle marche. Regarde devant. Tomber les feuilles. Le mouvement de l'air dans les feuilles. S'étonne. Ce mouvement d'air maintenant, à cause des feuilles. Pas une douleur. Pas vraiment. Quelque chose qui est là. Familier. La couleur. Non. Comme sa présence en elle. À sa place. L'emplacement de la statue. Sa forme vide inversée dans la terre. Sa couleur à elle au lieu de sa douleur. Elles tombent, déjà mortes dans leur couleur. Par terre. D'elles-mêmes par leur propre poids. À côté. Le vent et la pluie. La couleur de la terre, déjà. De la pierre. Au hasard de leur chute. Mais ses yeux.

Album d'images de la villa Harris, Hachette, 1977

Emmanuel Hocquard

Comme l'archéologue ou le détective privé, auxquels il aime à s'identifier, Emmanuel Hocquard, à partir de fragments, tessons de choses ou de textes ou indices matériels, s'attache à l'élucidation d'une énigme. Le sens reste à trouver, sans que rien permette de le supposer reconstituable. Le récit reste à inventer. Comme le souligne Jean-Marie Gleize, qui a donné place dans l'enseignement universitaire à la «mouvance» à laquelle appartient Emmanuel Hocquard (à côté d'Anne-Marie Albiach et Claude Royet-Journoud) : «*Ce qui est central dans cette méthode de travail, c'est le statut du sens. La question du lien entre l'in-signifiance du réel (choses, lieux, circonstances, événements) et la façon dont le langage évoque (?) ce réel tout en en faisant partie.*» Dans la voie ouverte par les objectivistes américains, écart et déplacement sont ici nécessaires, comme sont nécessaires de nouveaux critères de lisibilité.

Tal el arqueólogo o el detective privado con los que gusta de compararse, Emmanuel Hocquard elucidar un enigma a partir de fragmentos, cascos de cosas o de textos o indicios materiales intenda. Queda por encontrar el sentido, sin que nada permita suponer la posibilidad de reconstituirlo. El relato queda por inventar. Como lo subraya Jean-Marie Gleize que dentro de la enseñanza universitaria le proporcionó un espacio a la corriente a la que pertenece Emmanuel Hocquard (al lado de Anne-Marie Albiach y Claude Royet-Journoud) : "*Ce qui est central dans cette méthode de travail, c'est le statut du sens. La question du lien entre l'in-signifiance su réel (choses, lieux, circonstances, événements) et la façon dont le langage évoque (?) ce réel tout en en faisant partie.*" En la vía abierta por los objetivistas americanos, extravío y desplazamiento son aquí imprescindibles, como resultan imprescindibles nuevos criterios de legibilidad.

Like the archeologists or the private detectives he likes to refer to, Emmanuel Hocquard is trying to clear up an enigma from fragments, broken pieces of things or texts or material clues. The meaning is still to be found, while nothing seems to show that it can be restored. The plot is still to be invented. As Jean-Marie Gleize, who has given a place in academic teaching to the sphere of influence which Emmanuel Hocquard belongs to (with Anne-Marie Albiach and Claude Royet-Journoud), explains: "*Ce qui est central dans cette méthode de travail, c'est le statut du sens. La question du lien entre l'in-signifiance su réel (choses, lieux, circonstances, événements) et la façon dont le langage évoque (?) ce réel tout en en faisant partie.*" In the wake of the American objectivists, side-stepping and displacement are necessary, just like new criteria of readability.

Dis encore cela patiemment, plus patiemment
ou avec fureur, mais dis encore,
en défi aux bourreaux, dis cela, essaie,
sous l'étrivière du temps.
                          Espère encore que le dernier cri
du fuyard avant de s'abattre soit tel,
n'étant pas entendu, étant faible, inutile,
qu'il échappe, au moins lui sinon sa nuque,
à l'espace où la balle de la mort ne dévie jamais,
et par une autre oreille que la terre grande ouverte
soit recueilli, plus haut, non pas plus haut,
ailleurs, pas même ailleurs : soit recueilli
peut-être plus bas, comme une eau
qui s'enfonce dans la poussière du jardin,
comme le sang qui se disperse, fourvoyé,
dans l'inconnu.

Dernière chance pour toute victime sans nom :
qu'il y ait, non pas au-delà des collines
ou des nuages, non pas au-dessus du ciel
ni derrière les beaux yeux clairs, ni caché
dans les seins nus, mais on ne sait comment
mêlé au monde que nous traversons,
qu'il y ait, imprégnant ses moindres parcelles,
de cela que la voix ne peut nommer, de cela
que rien ne mesure, afin qu'encore
il soit possible d'aimer la lumière
ou seulement de la comprendre,
ou simplement, encore, de la voir
elle, comme la terre la recueille,
et non pas rien que sa trace de cendre.

À la lumière d'hiver, Gallimard, 1977

Philippe Jaccottet

Méfiance vis-à-vis des images, éthique scrupuleuse de la chose vue : de la promenade au carnet, du carnet au poème, c'est en permanence chez Jaccottet un même effort pour saisir l'essentiel du monde, «entre l'atrocité de la mort et la caresse du visible» (pour reprendre les mots d'un commentateur de l'œuvre, Olivier Barbarant). Cette attention au monde n'est pas exclusive de plongées dans le «gouffre intérieur» d'où le poème remonte toujours en tremblant, étant cependant entendu que la pire des choses serait de se complaire dans sa douleur ou sa déréliction. La poésie de Philippe Jaccottet s'écrit à la lueur de trois lumières : *«celle du ciel, celle qui de là-haut / s'écoule en moi, s'efface, / et celle dont ma main trace l'ombre sur la page.»* À ses débuts, ses poèmes portaient la trace de la métrique classique, puis il est devenu l'un des maîtres du vers libre, un vers qui va de la concision du Haï-Ku à l'amplitude que nécessite parfois la parole tragique.

Desconfianza para con las imágenes, ética escrupulosa de la cosa vista : del paseo al cuadernillo, del cuadernillo al poema, permanece en Jacottet un mismo esfuerzo para asir lo esencial del mundo, "entre la atrocidad de la muerte y la caricia de lo visible" (para repetir las palabras de un comentador de su obra Olivier Barbarant). Esta atención prestada al mundo no excluye adentramientos en el *"gouffre intérieur"* de los que el poema vuelve temblando siempre, aunque obviamente lo peor sería complacerse en su dolor o su desamparo. La poesía de Philippe Jaccottet se escribe a la luz de tres lumbreras : *"celle du ciel, celle qui de là-haut / s'écoule en moi, s'efface, / et celle dont ma main trace l'ombre sur la page."* Al principio, sus poemas llevaban la huella de la métrica clásica, después se convirtió en uno de los maestros del verso libre, un verso que va desde la consición del Haï-Ku hasta la amplitud de la que precisa a veces la palabra trágica.

A mistrust of images, a scrupulous ethic of the thing seen: from the walk to the notebook, from the notebook to the poem, it's always the same and steady endeavour to catch the gist of the world, "between the atrocity of death and the stroke of the visible" (to quote the words of Olivier Barbarant, a commentator of Jaccottet's work). This attention to the world also includes diving into the "interior chasm", from where the poem always comes back up shivering, it being understood however that the worst thing would be to take pleasure in one's pain or dereliction. The poetry of Philippe Jaccottet is written under three different lights: *"celle du ciel, celle qui de là-haut / s'écoule en moi, s'efface, / et celle dont ma main trace l'ombre sur la page."* When he started writing, his poems still referred to classical metrics, then he became one of the masters of free verse, a verse ranging from the conciseness of Haï-Ku to the opulence sometimes required by the tragic speech.

la Voix

pluie d'anneaux fins sur les gongs
sourds   au-dessus   la voix
court   les étages   ouvre les portes
des terrasses   toujours   vers
la sortie   elle passe   en biais
un rien trop haute   trop lente   la voix

c'est aussi un cantique pour
que la sève monte   pour écarter
la grêle   les orages   c'est
tendre et vigoureux   les corps
s'allègent devant ce qui se dérobe
avec tant de justesse   et redouble
l'attrait de cette voix inattendue

inattendue   toujours   qui surgit
de derrière les buissons   comme un charmant
visage   dans un galop   parmi les baies
les framboises   les mûres   elle ouvre
une corbeille   ils se prennent les mains
la bouche   de l'oreille le lobe
ils s'étreignent vraiment   la voix
jaillit   écartant les cymbales
s'enroule au bord d'où ils renaissent
tous   les fleurs deviennent rouges sur
l'appui des fenêtres   tendre du linge
remue sur les balcons   beaucoup plus
haut la voix   elle aspire le rythme
le décolle et l'amène dedans la nuit
en espaliers   de bord en bord   jusqu'à
l'aube

Belles Joues les géraniums, Flammarion, 1994

Josée Lapeyrère

Vive, alerte d'allure, légère, l'œuvre poétique de Josée Lapeyrère ramène à la surface tous ces bonheurs de vivre liés à l'être-au-monde de l'enfance, quand les sensations tissées à une histoire forment des impressions qui sont aussi des pensées. Ce qui revient, comme par bribes, en mémoire au fil de la narration poétique, loin d'être l'objet d'une nostalgie, est ce qui continue d'assurer à chaque instant la saveur de la vie présente ; le présent invulnérable de la vie, malgré les blessures du temps.

Viva, de ágil soltura, ligera, la obra poética de Josée Lapeyrère devuelve a la superficie todas esas felicidades del vivir ligadas al ser-al-mundo de la infancia, cuando las sensaciones tejidas con una historia forman impresiones que también son pensamientos. Lo que vuelve, como a jirones, a la memoria en el transcurso de la narración poética, lejos de ser objeto de una nostalgia, es lo que sigue asegurándole a cada instante el sabor de la vida presente ; el presente invulnerable de la vida, pese a las heridas del tiempo.

Brisk, light and lively, Josée Lapeyrère's poetic work calls forward those joys of living connected with the being-in-the-world of childhood, at a time when feelings woven within a story form impressions which are thoughts as well. Far from being an object of nostalgia, what is thus coming back to the mind, in snatches, while the poetic narrative goes by, is what maintains constantly the flavour of life; the invulnerable present of life, despite the injuries of time.

La pie à l'envers du vent recoud les lambeaux
Qu'elle a volés, se souvenant des couturières
Et des petites-mains au fin fond des villages
Jaunis par la sécheresse, ornés d'ormeaux verts
Et noirs au bord des trous d'eau où la boue a pris
Le dessus, ocre opaque, aride comme un lé
De tapis où on voit encore dessinés
Les traits d'une figure impossible à refaire.
J'étais là parmi les chevaux, entre les femmes
Qui coupaient l'étoffe et après en faufilaient
Les pièces de couleur. Du monde nous voyions
Une bulle qui, l'été, se dilatait, puis
Par les brumes se serrait sur nous. C'est alors
Que nous faisions des feux aux longues flammes jaunes.

Robert Marteau

Robert Marteau est de ceux, de plus en plus rares, qui se tiennent résolument à l'écart de toutes les modes et de toutes les manifestations dites «culturelles». Homme d'une immense culture, il n'est aucun domaine de l'art, de la peinture en particulier, qui lui soit étranger. Mais l'artiste reste avant tout pour lui ce qu'il est originairement : un artisan, ce qui veut dire un esprit dans la chair. Son rapport aux œuvres est fondé sur un rapport, profondément enraciné dans l'enfance, à la nature, dont le poème, toujours daté, s'emploie avec humilité à capter dans son alchimie toutes les vibrations et les résonances. Grand orgue, la forêt est musique et lumière. Dans les prairies à l'aube, on récolte la rosée.

Robert Marteau es uno de los cada vez más contados que se mantienen alejados de todas las modas y de todas las manifestaciones llamadas "culturales". Hombre de immensa cultura, no existe dominio del arte, y de la pintura en especial, que le sea extraño. Pero el artista sigue siendo para él lo que en su origen : un artesano, lo que significa un espíritu en la carne. Su vínculo con las obras se funda en una relación, profundamente arraigada en la infancia, en la naturaleza y su poema, siempre fechado, se emplea con humildad a captar en su alquimia todas las vibraciones y las consonancias. Organo mayor, la selva es música y luz. Al alba, en las praderas, se recoge el rocío.

Robert Marteau is one of those, less and less numerous, who stand apart from the fashions and all the so-called "cultural" events. A man with a huge knowledge, familiar with all aspects of art, and especially painting. But, for him, the artist remains, first of all, what he used to be, from the very start: a craftsman, that is to say a spirit within the flesh. His approach of writing is based on a relation to nature (deeply rooted in childhood), poems (always dated) trying humbly to seize its vibrations and echoes. A great organ, the forest is music and light. In the meadows at dawn, they're collecting dew.

Les morts

... Au faîte de pommiers que les bouquets du gui parsèment,

    Une dernière étoile allumera des reflets sur les parois du matin,

    Me condamne à fouler l'herbe infertile en interrogeant les mares.

    Un astre, et qui vers nous descend, que nous révérons, vénérons,

    L'étoile du Berger... des vergers... Vénus aux pentes sombres

    Touche, en deçà du soleil, des pommiers surchargés de gui !

    Les branches craquent, proches des haies, s'entrecroisent, s'entrelacent.

    J'entends, dans la conque des mois, surgir le fleuve ! Mes vers

    S'emparent de l'abîme, se vident. À peu de mètres du village,

    La mer découvre. Ah ! trahir l'attraction des chevaux, leur flatter le col,

    Passer ! Au large d'une prairie où la terre tendue enfante.

    Chemins, que divisent nos regards. Provinces d'un vieux mur.

    Dans les moellons, dans le mortier, dans la matière de l'âme

    Les morts progressent... La vie essaime. Ici, le vent n'oublie pas

    De nous plier, par ruse, au simple, à l'ultime plaisir qu'il soulève ;

    De favoriser — face à des arbres ridés — l'entrevision du sourire absolu.

    Le visage de la splendeur est un modèle... Un visage existe.

    J'exulte au tintement des cloches. Et j'en ai peur. M'enfuir,

    M'établir dans une plénitude imperceptible. Y trouver l'abondance,

    L'abondance, la paix ! La tempête me dévaste. À petits coups,

    Le vent, par dessous, par dessus les barreaux des barrières tremblantes,

    Hante les portes de la campagne — et s'en déprend, tour à tour.

Jean Bazaine, Hommage à Turner, 1978

Pierre Oster

Pierre Oster est le poète de la célébration du monde, dans la tradition rituelle retrouvée au XXe siècle par Claudel et Saint-John Perse. C'est le poète du verset, du scrupule, de la correction élevée au rang de valeur par excellence. Une voix, un espace, une langue de haute tenue : il n'y a dans cette poésie aucun souci de l'anecdote, du détail, du paysage en tant que tel. Nous sommes d'emblée sur le haut plateau des généralités (au meilleur sens du terme), de la métaphysique et de l'ontologie. Le poète ne veut être rien d'autre que l'un des «*dociles arpenteurs de l'universel*», il n'entend saisir dans les arbres que «*leur régulière sagesse*», l'essentiel étant de produire «*en soi la possibilité d'un mouvement à jamais plus pur*».

Pierre Oster es el poeta de la celebración del mundo, en la tradición ritual con la que reanudaron en el siglo XX Claudel y Saint-John Perse. Poeta del versículo, del escrúpulo, de la corrección elevada al rango de valor por antonomasia. Una voz, un espacio, un idioma elevado : esta poesía no se cuida de anécdotas, de detalles ni de paisajes como tales. Nos hallamos sobre el altiplano de las generalidades (en el mejor sentido del término) de la metafísica y de la ontología. El poeta sólo pretende ser uno de los *"dociles arpenteurs de l'universel"*, sólo entiende captar en los árboles *"leur régulière sagesse"*, lo esencial siendo producir *"en soi la possibilité d'un mouvement à jamais plus pur"*.

Pierre Oster is the poet who keeps celebrating the world in the ritual tradition resumed in the XXth century by Claudel and Saint-John Perse. He is the poet of verses, of scruples, of correctness considered as the highest value. A voice, a space, a high standard language: this poetry does not care for anecdotes, for details, for the landscape itself. We stand straightaway on the high plateau of generalities (in the best sense) of metaphysics and ontology. The poet wishes to be nothing but one of the *"dociles arpenteurs de l'universel"*, he means to pick up in trees only *"leur régulière sagesse"*, the main thing being to produce *"en soi la possibilité d'un mouvement à jamais plus pur"*.

C'est toujours un dimanche
par les après-midi gris et froids de novembre
dans la fébrilité malheureuse des mains
quand la chaleur se fane dans les forêts du corps
quand le parfum dans tes cheveux et à l'aube du cou
monte

monte si doux et si vorace dans le songe
que la courbe de tes seins se fait plus courbe et tyrannie
au contre-jour de la mémoire et des frissons

sur tes arêtes je me déchire
je suis je vis l'abandonné
celui qui s'use et se démembre
sur un atoll limpide et plat

tu es parfaite tu me fais peur
et si je cherche à quoi me fondre
en quoi me dissoudre et couler
rien parmi les chambres et les rues qui attendent
rien jamais rien tu entends n'eut n'aura
l'épaisseur et l'accueil de tes lèvres qui s'ouvrent.

                                                          C'est toujours

Maintenant les soleils, Gallimard, 1972

Jean Pérol

Le soin de la forme, l'expérimentation de toutes les formes de la poésie ne sont, chez Jean Pérol, jamais exclusifs d'une ouverture au monde et aux autres civilisations. Le souci esthétique constant est ici à l'opposé de tout esthétisme : s'il s'affirme, ce n'est pas sans se remettre en question, et c'est en réflexion ou en contrepoint d'une sensibilité extrême et d'un engagement éthique vis-à-vis du mauvais rêve à quoi ne ressemble que trop la réalité de notre temps. Rarement citée dans les anthologies de la poésie française contemporaine, l'œuvre de Jean Pérol, malgré une dizaine de livres publiés, ne bénéficie assurément pas de l'écho qu'elle mériterait d'avoir.

El cuidado de la forma, la experimentación de todas las formas de la poesía no excluyen nunca una apertura hacia el mundo y las otras civilizaciones. El constante afán estético se sitúa en el lado opuesto al esteticismo : si se afirma, no deja de ponerse en tela de juicio y aparece como una reflexión o un contrapunto de extremada sensibilidad y de un compromiso ético para con la pesadilla a la que demasiado se asemeja la realidad de hoy día. Poco citada en las antologías de la poesía francesa contemporánea, la obra de Jean Pérol, pese a unos diez libros publicados, no se beneficia del eco que se merece.

The care for form, the experiment of all the forms of poetry, in Jean Pérol, always goes together with an open-minded attitude towards the world and other civilizations. The permanent aesthetic concern is here the opposite of an aestheticism: it is obvious, but also calls itself into question, and always comes as a reflection or a counterpoint of an acute sensitivity and of an ethic commitment in front of the bad dream, which the reality of our times resembles too much. Seldom quoted in the anthologies of contemporary French poetry, Jean Pérol's work, despite ten books or so published, has actually not the popularity it would deserve.

Tu marches à pas feutrés songeant aux saisons ressemblantes
ici un jardin à l'abandon une maison fermée
des pensées errantes comme des chats, ailleurs dans l'œil
de l'hirondelle la mort va et vient, tend ses fils
invisibles, veille, attend.

tu ne parles plus, tu renonces, imaginant des portes
qui ne s'ouvrent pas, des géographies
déconcertantes comme l'écriture du cœur
avec des îles simples dont les lois sont oubliées
comme des jarres enfouies dans le sable, et sur les rives
des rames rompues des voiles déchirées des dieux tristes.

tu te souviens : des rondes, des prismes, des scintillements,
du temps irrémissible, des miroirs pénétrables,
puis cette grande réserve de séduction des prairies
au printemps, coquillages, sombres menstrues, voyelles tendres,
le ciel proche avec l'eau voleuse et les propos du rossignol.

tu sais à peine ceci :
que l'œil affermit la voix,
et les chevaux du sommeil s'agitent
inspirent l'ovation des étoiles,
mais déjà sur le lac obscur l'impatient batelier nous appelle
et le silence rôde sur la terre exténuée.

Le Nom perdu, Gallimard, 1987

Lionel Ray

Ce poète est d'abord passé par les éclats d'une certaine forme de déconstruction propre aux années soixante-dix. Puis sa voix s'est faite plus proche du chant lyrique, de ses thèmes et de ses régularités. C'est encore lui qui dit le mieux ce passage, dans *Pages d'ombre*, son dernier recueil : «*Les mots étaient mes chiens / habités par le vent / une débâcle d'horizons / pas de centre. / Ils sont devenus des regards / où l'ombre et la clarté / cherchent leur frontière / là où le chant des jours / l'imprononçable / s'éveille / et passe.*» Nulle afféterie dans cette poésie qui sait ne pas se détourner devant l'herbe sale, les orties ou le cheval mort parce qu'elle sait que ces spectacles sont aussi une partie du «*beau combat des heures*» à l'issue duquel peut s'opérer la «*chimie lumineuse*» du poème.

Este poeta pasó primero por los estampidos de cierta forma de deconstrucción propia de los años setenta. Su voz se ha ido acercando al canto lírico, a sus temas y regularidades. Él es quien mejor dice este tránsito, en *Pages d'ombres*, su último poemario: "*Les mots étaient mes chiens / habités par le vent / une débâcle d'horizons / pas de centre. / Ils sont devenus des regards / où l'ombre et la clarté / cherchent leur frontière / là où le chant des jours / l'imprononçable / s'éveille / et passe.*" Ningún amaneramiento en esta poesía que sabe no volver la cara frente a la hierba sucia, las ortigas o el caballo muerto porque sabe que estos espectáculos también son parte del "*beau combat des heures*" al final del que puede operar la "*chimie lumineuse*" del poema.

This poet first got through the commotions of a certain form of deconstruction, which characterized the seventies. Then his voice got closer to the lyric song, with its themes and regularities. He is the one who points out the change in his last book, *Pages d'ombres*: "*Les mots étaient mes chiens / habités par le vent / une débâcle d'horizons / pas de centre. / Ils sont devenus des regards / où l'ombre et la clarté / cherchent leur frontière / là où le chant des jours / l'imprononçable / s'éveille / et passe.*" No affectation in this poetry which cannot turn away from dirty grass, nettles or a dead horse, since it knows that such sights are also part of the "*beau combat des heures*" at the end of which the "*chimie lumineuse*" of the poem can take place.

Je ne sais qui ou quoi m'attend dans ce dédale
À vrai dire sans grand mystère où j'aime aller
Le dimanche ou le soir, quand la lueur égale
Se fige entre la rue et le ciel crénelé
De tuyaux et de toits dont les pentes décèlent
Des passages, des cours, des lambeaux de jardins,
Avec des voix et des tintements de vaisselle
Rendant plus épais le silence, et de soudains
Oiseaux qui font le cri de petites poulies
Sous un lierre flottant comme sur un puits noir,
Et le plâtre des murs couturé de scolies
Illisibles dans la pénombre des couloirs.
Mais c'est toujours la même histoire que j'éreinte,
Page à page quand tout en est depuis longtemps
Connu, comme le plan de ce faux labyrinthe
Où le soir me rappelle et cache qui j'attends.

Écoles du soir (1983-1985)

Jacques Réda

De tous les poètes de ce temps, c'est celui qui dispose du registre le plus ample, un registre qui va de la fantaisie à l'épopée, de l'élégiaque au dramatique. Il peut tout faire entrer dans ses poèmes : Trotsky ou La Fontaine, les côtes d'Irlande ou l'autobus de banlieue, l'herbe des talus ou l'air du grand large, une femme aimée ou un soldat de plomb, le vertige d'une métaphysique ou les plaisirs du jeu de mots, une syncope de jazz, une césure régulière, le plus audacieux des rejets, la simple prose : tout tient, par la force d'une écriture qui n'a jamais renoncé à la voix, à l'écho, par la force aussi d'une exigence esthétique qui se masque parfois en ironie. Il semble souvent désinvolte mais il a donné, avec *Celle qui vient à pas légers*, l'un des arts poétiques les plus précis de la langue française. *Crête d'impersonnel*, la poésie de Jacques Réda s'écarte aussi bien de l'expressivité lyrique que de l'ontologie de la présence. Elle ne dit ni *je suis un cœur*, ni même *je suis*, mais tente de faire exister pour le lecteur ou l'auditeur le *«petit pas de danse»* que chacun esquisse *«vers sa limite, son dieu, son précipice»*.

De todos los poetas de hoy, es quien dispone del registro más amplio, un registro que va desde la fantasía a la epopeya, desde lo elegíaco hasta lo dramático. Todo tiene cabida en sus poemas : Trotsky o La Fontaine, las costas de Irlanda o el autobus de cercanías, la hierba de los declives o el aire de alta mar, una mujer amada o un soldadito de plomo, el vértigo de una metafísica o los placeres del retruécano, una síncopa de jazz, una cesura regular, el encabalgamiento más atrevido, la simple prosa : todo está mantenido por la fuerza de una escritura que jamás renunció a la voz, al eco, por la fuerza también de una exigencia estética que se emboza a veces en la ironía. A menudo parece ligero pero dió con *Celle qui vient à pas légers* una de las artes poéticas más precisas de la lengua francesa. *Crête d'impersonnel*, la poesía de Jacques Réda se aparta igualmente de la expresividad lírica y de la ontología de la presencia. Ni dice "soy un corazón", ni siquiera "soy", sino que intenta que exista para el lector o el auditor el *"petit pas de danse"* que cada cual esboza *"vers sa limite, son dieu, son précipice"*.

Among all the poets of the period, he is the one who has the widest register at his disposal, ranging from fantasy to epic, from elegy to drama. He can insert anything in his poems: Trotsky as well as La Fontaine, the Irish seaside or a suburban bus, wildgrasses and the air of the open sea, a beloved woman or a tin soldier, a metaphysical vertigo or the pleasure of a pun, a jazz syncopation, a regular caesura, the most daring enjambement, the mere prose: everything holds on, thanks to a powerful writing which has never renounced voice, echo, and thanks also to a strong aesthetic demand, sometimes concealed behind irony. He seems often casual, but with *Celle qui vient à pas légers* he has given one the most precise poetic arts in the French language. *Crête d'impersonnel*, Jacques Réda's poetry avoids lyric expressivity as well as the ontology of presence. It never says "I am a heart", nor even "I am", but tries, for the reader or the audience, to give life to everybody's *"petit pas de danse"* towards *"vers sa limite, son dieu, son précipice"*.

En moi

Ta mort ne cesse pas de s'accomplir   de s'achever.

Pas   simplement   ta mort.   morte   tu l'es.   il n'y a pas à en dire.   et quoi ?   inutile.

Inutile l'irréel du passé   temps inqualifiable.

Mais ta mort en moi progresse   lente   incompréhensiblement.

Je me réveille toujours dans ta voix   ta main   ton odeur.

Je dis toujours ton nom   ton nom en moi   comme si tu étais.

Comme si la mort n'avait gelé que le bout de tes doigts n'avait jeté qu'une couche de silence sur nous   s'était arrêtée sur une porte.

Moi derrière   incrédule.

Quelque chose noir, Gallimard, 1986

Jacques Roubaud

La publication d'∈ (ou *signe d'appartenance*) chez Gallimard en 1967 est le véritable acte de naissance du «projet de poésie» autour duquel s'est centrée toute l'œuvre de Jacques Roubaud jusqu'à aujourd'hui. Elle marque comme telle un tournant capital dans la poésie française contemporaine. Rompant, dans la mouvance de l'Oulipo et de Raymond Queneau, avec les positions théoriques du surréalisme, Jacques Roubaud s'est fait, dans l'exploration et le renouvellement des formes léguées par toutes les traditions, mémoire vivante de la poésie tout entière. On aurait cependant tort de ne voir dans les écrits poétiques de Jacques Roubaud qu'un formalisme ou que la mise en œuvre d'une théorie. Membre du comité de rédaction des revues *Action poétique* et *Po&sie*, Jacques Roubaud a participé et participe de toutes les expériences les plus authentiquement novatrices. La poésie ne se réduit nullement, pour lui, à une pratique théorisable ou à un exercice ludique. Derrière l'humour, il y a l'amour, et le jeu demeure en profondeur un grand jeu. Le poème, dans ses formes les plus modernes d'apparence, reste le Grand Chant, à la fois principe et fin de tous les autres écrits (essais théoriques, contes, romans, fictions de soi, etc.), qui en sont, comme pour les troubadours, les *sirventes*.

La publicación de ∈ (o *señal de pertenencia*) en Gallimard en 1967 constituye la partida de nacimiento del "proyecto poesía" alrededor del que se ha centrado toda la obra de Jacques Roubaud hasta hoy día. Como tal señala un cambio capital en la poesía francesa contemporánea. Siguiendo el impulso del Oulipo y de Raymond Queneau, rompe Jacques Roubaud con las posturas teóricas del surrealismo y se ha convertido, mediante la exploración y la renovación de formas heredadas por todas las tradiciones, en la memoria viva de la poesía toda ella. No acertaría uno al considerar en los escritos poéticos de Jacques Roubaud más que un formalismo o más que el obrar de una teoría. Miembro del consejo de redacción de las revistas *Action poétique* y *Po&sie*, Jacques Roubaud ha participado y participa de todos los experimentos más innovadores. Para él no se reduce en absoluto la poesía a una práctica que se puede teorizar o a un ejercicio lúdico. Detrás del humor, está el amor, y el juego sigue siendo profundamente un gran juego. El poema, en sus formas de apariencias más modernas, sigue siendo el Gran Canto, principio y fin a la vez de todos los demás relatos (ensayos teóricos, cuentos, novelas, autoficciones,etc.), que se hacen sus *sirventes*, como para los Trobadores.

The publication of ∈ (or *symbol for membership*) by Gallimard in 1967 is the genuine birth certificate of the "project of poetry" which has been the core of the whole work of Jacques Roubaud till today. As such, it marks a major turning point in contemporary French poetry. In the wake of the Oulipo and Raymond Queneau breaking off with the theoretical positions of the surrealist movement, Jacques Roubaud has become, through the exploration and the renewal of inherited forms of traditions, the living memory of the whole poetry. One shouldn't however consider Jacques Roubaud's poetic writings as mere formalism or as the mere application of a theory. A member of the editorial committees of *Action poétique* and *Po&sie*, Jacques Roubaud has taken and is taking part in all the most innovative experiments. Poetry for him can neither be reduced to a theorizable practice, nor to a play activity. Behind humour, there is love, and playing remains a high-standard game. In its seemingly most modern forms, the poem still is the Great Song (The *Canso*), both the principle and the achievement of all the other writings (essays, tales, novels, fictions of the self, etc.) which, as for the Troubadours, are its *sirventes*.

Venise

Beaucoup plus tard il se souvient du bruit
de talons effilés sonnant sur les dalles
et de deux rires de femmes dans une rue adjacente
— si déserte la longue place cette nuit-là
que ces pas résonnaient comme clochettes de mule
dans la plus secrète campagne — il n'y vit que des chats
se glissant sur les corniches : les habitués
de ces vastes palais humides et sombres
aux carreaux brisés — rires argentins
bruissant au rythme allègre des talons
ainsi que la houle à l'oreille bien après
que la conque a été rejetée par la mer.

Poèmes de l'aube, Gallimard, 1990

Paul de Roux

Une poésie du quotidien, un chant discret, un poème en forme apparente de petit tableau ; cela s'appelle généralement un «art mineur», mais ici il ne faut pas s'y tromper : nous sommes devant l'une des œuvres les plus fortes de la génération qui commença à publier à partir des années soixante-dix. Qu'il s'agisse des rythmes de la ville ou des transparences de la campagne, le réel que capte la voix de Paul de Roux n'est jamais anodin, le drame n'est jamais loin de surgir, ou au moins le vertige que provoque son éventualité. Inscrit à même la splendeur et le calme apparent des notations, il y a un vide du précipice qui est aussi celui qu'ouvrent à tout instant les mots dès qu'on les inscrit dans la trame d'un vers.

Una poesía de lo cotidiano, un canto discreto, un poema en forma aparente de cuadrito ; se suele llamar un "arte menor", pero en este caso conviene no dejarse engañar : nos hallamos frente a una de las obras más fuertes de la generación que empezó a publicar por los años setenta. Que se trate de los ritmos de la ciudad o de las transparencias del campo, la realidad captada por la voz de Paul de Roux nunca es anodina, el drama siempre está por surgir, o al menos el vértigo que su eventualidad despierta. Inscrito en el esplendor y la calma aparentes de los apuntes, hay un vacío del precipicio : el que abren a cada instante las palabras en cuanto se hallan inscritas en la trama de un verso.

A poetry of everydaylife, a discreet song, a poem apparently shaped like a small painting: this is generally called a "minor art", but one should not to be mistaking: we are facing one of the strongest works of that generation which started publishing in the early seventies. Whether it be a matter of urban rhythms or the transparencies of the country, the real captured by Paul de Roux's voice is never unsignificant, drama is always just about coming, or at least here is the vertigo caused by the fact it could appear. Inscribed in the very splendour and the seeming quietness of expressions, there is this void opening chasm, just like words just being set in the net of a verse.

à la campagne s'égoutte le Temps s'écoute
        au paradis des cartes postales
        les arbres ne s'effeuillent pas
        quand on broie le gris final
pire que la profonde horreur des nuits
encore dans les bras dans les draps d'
        Indienne, avec la bière, avec le vin
— sans la Sœur qui jettera des parfums assyriens
sur ma cendre, qui sur ma tombe pleurerait les
        cheveux épars (I-3) et la
        poussée des sépultures —
archiaviné omnidément devant la jeune fille
        à la pêche morte
né à la mort de répine & pascin, ayant
adhéré au Club des Suicidés tardivement
        je signe :
Elles aimèrent nos pieds, nos mains, nos gestes,
        Cerinthus, Tibulle

Prosopopées, Gallimard, 1995

Jude Stéfan

Acerbe, opulent, vindicatif, voluptueux, hargneux, gaillard, érotique et pensif, scrupuleux quant au vers, désinvolte quant aux mœurs, doué d'une immense mémoire des textes et oublieux de toutes les étiquettes, Jude Stéfan construit l'une des œuvres les plus singulières de sa génération. Mélange de langage de grande tenue et de parole triviale, de métrique parfois traditionnelle et de ruptures soigneusement recherchées, cette poésie se donne comme «*ruine des mots résistant à la ruine*».

Acerbo, opulento, vindicativo, arisco, atrevido, erótico y pensativo, de versos escrupulosos, de modales desembarazados, dotado de una immensa memoria de los textos y olvidadizo de todas las etiquetas, Jude Stéfan construye una de las obras más singulares de su generación. Mezcla de lenguaje elevado y de palabras triviales, de métrica a veces tradicional y de rupturas cuidadosamente rebuscadas, esta poesía se entrega como *"ruine des mots résistant à la ruine"*.

Caustic, opulent, vindictive, voluptuous, fierce, bawdy, erotic and thoughtful, scrupulous as for the verse, casual as for morals, endowed with a huge memory for texts and unconcerned about labels, Jude Stéfan is building up one of the most singular works of his generation. A mixture of high standard language and trivial speech, of traditional metrics and overelaborate ruptures, this poetry presents itself as a *"ruine des mots résistant à la ruine"*.

BESTIA

Je ne suis rien
et le monde m'échappe
je fais un grand tas de bois de ma vie
et dans les longues nuits venises
timidement m'en réchauffe
Que fait la flamme
qui s'élance impalpable ?
Je ne suis rien
que cet homme brûlé
Voici les parcours sans fin de la terrible mémoire du
monde
d'où je sors consumé
Jamais né pourtant !
Rien
vraiment
que brasero
autour duquel
j'organise la danse.

Capitaine des angoisses animales, Le Temps qu'il fait, 1998